AF607127
AVERSO

LA ESTRUCTURA DE LA FIEBRE

BELÉN LIÑÁN

Número 27 de la Colección **PERVERSA**

La estructura de la fiebre

Edición al cuidado de Averso Poesía
www.aversopoesia.com

hola@aversopoesia.com

Primera edición: febrero de 2024
ISBN: 978-84-10027-21-3
Depósito Legal: GR 218-2024

Impreso en España - *Printed in Spain*

El papel utilizado para la impresión de este libro está calificado como papel ecológico y procede de bosques gestionados de manera sostenible.

LA ESTRUCTURA DE LA FIEBRE

BELÉN LIÑÁN

Pero hay algo que rompe la piel,
una ciega furia
que corre por mis venas.

ALEJANDRA PIZARNIK

I

DÉCIMAS

HUMEDAD

La punta de mi dedo
untado en aceite
dibuja el contorno
del hueso de cereza
atrapado en tu garganta.

El hueso en tu garganta
de cereza
me culpa a mí, Eva,
de esta levedad
extrema
de filo de cuchillo.

Comes de mi boca
si abro la tuya
burlas al pecado
muerdes
como a ráfagas
mastico
la borrachera roja
de la carne.

El hueso de cereza
en tu garganta
señala
el oportuno fracaso
de pretender
ser otras.

(La alegría
toma formas
infinitas).

ILUSIÓN DE EQUILIBRIO

Simetría desgastada
y una cicatriz tan fría
que la visión de la fiebre
se revela fantásticamente imposible.

Inerme disparo
raro
como el café soluble
traiciona el propósito esencial
de su existencia.

Si no piensas, es sencillo:
primero un pie
luego otro
mirada fija al frente
y los bolsillos llenos por igual
para alentar al equilibrio.

Pensar es tropiezo.

Pierde el norte
en la apuesta por el sur
y el este danza a su alrededor
como peonza borracha
escucha el tic tac tic tac tic
extendiéndose hacia detrás
y hacia delante

exhibe sus cabriolas
el segundero.

En este caminar caprichoso
entre bolsas de plástico
y anuncios de cremas antiarrugas
se eleva desde los arbustos
la sonrisa retráctil
de la niña que soy.

No hay mensaje:
la curva leve en una comisura
y un par de pies descalzos.

PRIMEROS SÍNTOMAS

Volver será el oficio del amor,
incluso en un lugar impertinente.
LUIS GARCÍA MONTERO

Estos días
y su cadencia de pájaro lento
desperdigan la ceniza
atascada
entre las rendijas del tedio.

Son huecos que estaban llenos de ti,
de tu ladrido,
lametazo.
Me parece raro
alisar la forma de tu espalda
en el sillón,
imaginar tu grito.

(Ambos presumen de una ausencia más Real
cada mañana
como el Planeta y el Polvo).

Inventé la seda roja del retorno,
por si acaso
cuidé de la hija de agua
que unía mi río a tu fuente
pero ya sabes:
calentamiento global, sequía
y desgana.

Se tranquiliza el animalillo inquieto
escondido entre mis piernas
si preparo algo de merienda.

Me hace compañía.
Paseamos por la plaza,
nos invitamos a café y cerezas.
Me mira encandilado
cuando le limpio la baba reseca
de las comisuras.

Estamos bien son dos palabras
burbuja
que brotan de sus ojos
engordan
ruedan mejilla abajo
estamos bien
nos decimos en un unísono metálico
de labios apretados:
estamos bien
estamos bien.

RECOMENDACIONES

Para Lúa

Celebro de memoria
el recuerdo del llanto vespertino,
niña adicta a los cuentos,
coleccionista de caracoles.

Abraza tus costillas de corderita
cuando desde tu ombligo aúlle el lobo.
Te cuento un secreto:
lo puedes calmar besuqueando su cuello.

Muda el traje de obediencia,
regalo de tu primera comunión,
por este de arena y sol.
Aquí encontrarás mejor abrigo.

Ofrece tus manos. Siente lo áspero
porque existe,
se aloja en el ceño idiota
de quienes temen las palabras.

Si no juega, no te acerques:
te hará daño.

El valor de las personas
resulta terriblemente simple de calcular:
observa si conserva la capacidad
de sonrojar sus mejillas.

VÉRTIGO ANIMAL

La felicidad será algo parecido
a esto de juntar palabras
o a la respiración navegando
mar arriba
por la panza de mi perra.

A los músculos tensos en mi espalda
contraídos
porque estás aquí debajo
y estudias mi naturaleza
como si nunca hubieses visto
un animal tan arrebatadoramente bello
como raro:

chistoso erizo de indulgente espina
medusa alada
valiente caracol.

La elegancia de nutria,
el sosiego en mi virar felino
te viajan lejos de la oficina
y del frío futuro anidado
en las facturas de la luz

hacia un mundo de fieras
donde la alegría consiste
en gritar el nombre de una cría de ave
o en descubrir la tela de araña primigenia.

Recostada sobre tu pecho lento
imagino pies mojados,
cañaverales.
Pellizco el secreto
atesorado en el musgo
y me dejo dormir a un sueño claro
liviano
como la vida nueva.

II

MESETA

Salí en dirección
al bosque, salí para buscar
un hueco en la espesura, un útero de sombra.

ANTONIO COLINAS

ESTUPOR

Hemos danzado a tientas
durante puñados de meses
en busca de una nota amable
que nos destape los párpados.

Palpamos pecho, cadera,
frente, empeines
a cada instante
(¿y si hubieran desertado?).

Hemos vivido revolcadas en este aire roto
largo rato
tanto rato
que caminar ligeras y alegres
nos parecería
un acto de soberbia;

atentas a un palpitar constante,
sano, moderado,
casi muerto.

Un tiempo ridículo hemos sido.
Un tiempo atrincherado entre jaulas
peceras
y la perversa soga
que a ambas
une por la cintura.

ESPASMOS MUSCULARES

No me voy a defender.

Comprobarás que los arañazos
en mi cuello
miden el ancho exacto
de mis uñas.

No me voy a excusar
si soy egoísta
o sudo autocontrol
o soy maleducada esquiva
irónica sarcástica extremadamente pedante
algo estúpida y mala perra.

No me voy a defender.

Asiento ferozmente a tu juicio
mientras engraso mi látigo

encantada

de tener motivos frescos
bien argumentados
para silbarlo contra mi espalda.

DELIRIO ALTRUISTA

¿A quién podré confesar
que tu pena
me redime?

Soplo tu ceniza
para darme candela:
no ha existido
forma más egoísta
de compartir.

Lo absurdo se dibuja a sí mismo
con traje de colores y claveles en el pelo,
fiel a su esencia de ave nocturna.

No te esfuerces en comprender
el eco de la astilla nueva.
No ha existido.

Cuando fuimos tronco
escuché el murmullo
del viento en la rama
al compás crujido de la raíz.

Ahora
(rota y desmembrada)
en el valle autárquico de la ambigüedad
salvación y condena
se igualan
en un horizonte de incendio.

REAJUSTE DE PERSPECTIVA

Encrespados
mis pezones
conforme tu voluntad avanza.
Encendida me tienes
por lo abrigado
de tu figura firme.

El pálido cascabel
durmiente en el hueco entre mis escápulas
despierta
estornuda
llama a la primavera
a las liebres
a los ciervos.

Si alguien nos mirase
ahora mismo
diría:
hacen el amor.

Si alguien pudiera vernos
en este instante
entendería:
el amor nos hace.

MEMORIA DEL FRÍO

Florista guasona,
recuerdo tu arrogante trasero
cimbreándose
entre ramos de novia
y coronas de reyes muertos.

Dejaste atrás el baile de margaritas
para abrazar la enfermedad
y el llanto ajeno.
No puedes hacer nada por otra
si esa otra no eres tú
es un mantra que repite mi espejo
cuando me reclama
lo oscuro de tu regazo.

Habría agarrado tu mano con más fuerza
de haber sabido
que desaparecerían tus dedos.

Te acompañaría a la tumba de nuestra madre
para apuntalarla con flores de plástico
si los gusanos
no hubiesen hecho ya
su espléndido trabajo
te digo

y me miras,
extrañada
de haber parido esta criatura rara.

Te acercas:
hueles la gravedad en mi pelo,
observas
la forma
en que la tinta me sombrea las uñas.

Te acercas
con tus pasos de silencio
preguntas *cómo va lo mío*
como si lo mío fuera
una carga infecciosa.

Hablas bajito
con tal de no molestar
a la niña que duerme
desde hace décadas
apretada en mi tripa.

Juntas tus manos en el justo medio del pecho
adoptan la posición ataque-plegaria:
haz un esfuerzo por ser un poco menos tú
quizá así yo pueda quererte un poco más.

III

DECLIVE

La tierra se separará de ti
y de tu amor por ella.

ROSE AUSLÄNDER

REVELACIÓN

Llegas con el gesto abierto
jaleas el aire
horizonte
en una maniobra
feroz
de tan puramente arrebatada.

Levantas los párpados
y como un reloj suizo
das la orden

automáticamente

la luz
toma vuelo
se alza
hasta quedar suspendida
de las cuerdas raíces
que desde tus dedos brotan
como lianas en celo.

Asiento salvajemente a Neruda
veintisiete años después del primer poema
decimocuarto
porque es así como *juegas*
todos los días
con la luz del universo.

40.5 C

Bastó el roce de tus dedos
en mi muslo desnudo
lanzadera
a la tierra ancestral del deseo
porque me latía el pecado original
entre las piernas
haciéndose eco de las tantas mujeres
que alguna vez fui.

Una espera despierta
en el aeropuerto de tu ciudad
la mía
y el hilo invisible que las une.

El súbito nacimiento
de nuestras crías,
piel radiante,
sonrisa púrpura
y su conversación
envuelta
por la entropía de las cerezas.

Rozó tu mano un pequeño sol,
dedos trepadores,
escaladores urbanos
seguidos por un séquito de ardillas.

Contracción húmeda del paladar
muy húmedo
chasquido.
Un suspiro desubicado
(no pude abrirte paso,
viajábamos en barco
con decenas de alienígenas)
derrite
el témpano del odio.

Fue lo que fue.
No más.
Fue un roce de tu mano
en mi muslo desnudo.

Después de todo,
quizá haya vida en este planeta.

SOBRE LA IMPORTANCIA DE MANTENER LA HIDRATACIÓN

¿Acaso te disgusta mi traje
de sal mojada?
Ha llovido.

¿Pretendías que me escondiera
a sotavento
y caminara
bajo los estrechos voladizos
de terrazas y locales en alquiler?

He llovido.

He chapoteado charcos
los talones colorados
salpicadas de barro las mejillas
mi voz tomada por el trueno

apenas llego hasta el torrente espejo
para lavarme la cara de témpanos

un cadáver conquistado en sequedad
sonríe
alarga su cálido húmero
crocante cúbito
raquítico radio
invita a un abrazo dunar.

Yo beso el lodo. Soy fango.
Beso el lodo. Soy fango.

Si me seco
me vuelo.

REMEDIO

Y me quedó entre las sienes
presencia limpia y segura
de oculta palabra cierta.
JOSEFINA DE LA TORRE

Palabra es el grito
arrugado
de una abuela de posguerra.

La gata en celo
que araña la puerta
y el destello de barniz
amontonado entre uña y carne.

Palabra es el crujir
de caracol
bajo un tacón afilado
y el mosaico de baldosas rotas
riachuelo de baba
latiendo en improvisadas juntas
de la nueva espiral
tibia y deforme.

(Quizá puedas escuchar
la cercanía de la muerte).

Palabra es el trozo de hemisferio sur
que nace justo en mi ombligo
corre piel abajo
y tu boca
de Caperucita
absorta
en esa selva templada.

Palabra es el motor del avión
rumbo al exilio
que no sabe del pánico a volar
ni de tu costumbre
de aplaudir tres veces
después de besarme.

Palabra te invita
a deshacerte lejos
del bucle almidonado
que tengo por garganta
lejos
de este brillo de neón
ensuciado en mi pelo.

Palabra es regar de aguardiente
la flor de perejil
y rezar
con fervor
por el milagro de la supervivencia.

ALIENTO ALIVIO

Tus brazos quedaron ligeros
condensados en el tiempo
prendidos de no sé cuántos hilos.

No bastaron los poemas
ni la incandescencia de la mañana
con su rocío mezcal.

Tampoco la sed fue suficiente.

Tus brazos estirados en vertical
teñidos de cicatrices
vacíos de guitarra
invernales, sobrecogidos
por el recuerdo de lo que
alguna vez
fue un suspiro ahogado
en la humedad de otro cuello.

Se agitan en una desprotección
vasta
tan deseada
como temida.

(El miedo y el placer
comparten esencia).

Desordena.
Muévelos.

Ordena
que esas dos masas de músculo,
musgo y viento
rodeen tus costillas
y estrechen tu carne hasta liberar
el chasquido
del último aliento resistente al perdón.

QUIETUD

Era un día claro
con la soltura de abril
migas de pan
fermentan
en alguna vereda
cercana

la orilla
insaciable como agosto
lame nuestros pies
aunque es abril

la arena
se hace lecho
para promesas fértiles.

Desde mi garganta
resbalan
sílabas amargas
que (persiguen a Alfonsina)
deciden
deshacerse en olas.

Deslumbradas
respiramos
entre algas espesas
y erizos de mar

de mar manchados
tus dedos peinan
el hueco vertical
y su angustia
en mi pelo

escarban
en un pasado doliente
que quizá
ya no es el mío.

Con cuidado
ajustas
el encaje de mis bragas
a tus confesiones
de niña valiente

navegamos
sin remedio
hacia la muerte
murmuran
tus huellas dactilares
al mundo sordo
anidado en mi vientre

en un día claro
que era abril
mis piernas se abren
ante tanta verdad

porque es abril
y como es abril
de entre los pliegues
de la tierra
brota
un manto verde
de silencio.

Este libro se terminó de editar en Granada
en febrero de 2024 por

www.aversopoesia.com
hola@aversopoesia.com